クレオとパトラの なんでナンデさくぶん
みっつの まほうのことば
まえだ やすまさ

◎保護者・教育関係者のみなさまへ

「みっつのまほう」の問いかけでスイスイ作文が書ける新メソッド

まほうのことば 1

「見て、観察する力」を養う

みて　みて　み〜て。
なに　なに　な〜に？

まほうのことば 2

「論理的に組み立てる力」を養う

いつだろ　どこだろ　だれがだろ
なにを　どうしてどうなった？

1と3を くりかえそう

まほうのことば 3

「深く掘り下げる思考力」を養う

なんで　なんで　どうやって？

自分の言葉で表現できるようになる

大和書房

クレオとパトラは、ことばのくにに
すむ　ふたごの　まほうつかいです。
ふたりは　みんなを　たのしませる
まほうを　べんきょうしています。

ところが　たのしいおはなしを
ともだちに　つたえる
まほうのさくぶんが
にがてです。

まほうがっこうに　はいったふたりは、
さくぶんの　しゅぎょうを　することになりました。
そこで、**みっつのまほうのことば**を
ならいます。

「できない、かけないじゃないでしょ。
えにっきを　かけないと、ちゃんとした
まほうつかいに　なれないじゃない！」
あらあら、おかあさんも　おおきな　こえです。

　　　　まほうつかい？　そう、クレオとパトラは、ともだちや
まわりのひとを　ニコニコげんきに　させることが　だいすきです。

だから、ことばのくにの　まほうがっこうに
かよって、べんきょうしているのです。

サユリンこうちょうせんせいは　いいます。
「まほうつかいは、みんなが
　ニコニコげんきになるような
　ワンダーをみつけて、
　さくぶんに　しなくては
　なりません！」

そのために
「えにっきを　かくように」といわれたのです。
ワンダーとは **「たのしいなあ、
　おもしろいなあ、ふしぎだなあ」**
と、おもうことなんだって。

でも、クレオとパトラは　さくぶんが　にがて。
それで「かけな〜い！」「できな〜い！」と
おおさわぎに　なるのです。

そこで　おかあさんが、いいました。
「しょうがないわね。シオリンのところにいって、
　ワンダーを　みつける　しゅぎょうを
　してらっしゃい」

シオリンは、おかあさんの　おかあさん。
つまり、クレオとパトラの　おばあちゃんです。
シオリンは、いつも　おもしろいことを　たくさん
みつけて、まわりのひとを　たのしませてくれます。
シオリンも、まほうつかいなのです。

「シオリンのところ？　わーっ、うれしいな」
「わたしも！」
ふたりは　おおよろこびです。

「シオリン、しゅぎょうに きました」
「あらあら、いらっしゃい」
シオリンは、えがおで むかえてくれます。

「おなか すいたでしょ。おやつに
　パンケーキを つくりましょう。
　おてつだいしてくれる?」

「はーい」
「はーい」

「こうちゃも、じゅんびしなくちゃね」
シオリンは、ふたりに
エプロンを ようい
してくれました。

「ここにある　ざいりょうを、
ぜんぶ　ミキサーに　いれてちょうだい」

「こむぎこ、ベーキングパウダー、さとう、
バター、ぎゅうにゅう、たまご、しおを
ほんのすこしだね」

「はい、いれました。スイッチを　おしていい？」

「はい、おねがいします」

「わー、グルグルまわってるね」

「わー、グルグルだ」

「はい、これで　パンケーキの　タネが　できたわね。
　これを　フライパンで　やいていきますよ」

「はーい」
「はーい」

「ここに　サラダオイルを　いれて、
　おたまで　タネを　ながしこみますよ」
フライパンの　うえに、まるいパンケーキの
タネが　フワーッと　ひろがります。

よわびで　ゆっくり　やいて　いきます。

「さあ、どうなっていくのか、よーくみてね」

「まだ、なにも　かわらないけど？」

「さあ、どうかしら？」

まほうのことば ①

みて みて み〜て。
なに なに な〜に?

これから パンケーキを やいていきます。
どうなっていくか よーく みてくださいね。

キッチンの ようすも おぼえているかな?
どんな りょうりどうぐが あったかな?
どんな どうぶつが いたかな?
みんなの ワンダーを さがしてみよう。

「えっ、なに？」

「ひとつめの　まほうのことば。ワンダーを　みつける
　ためよ。パンケーキから　めを　はなさないでね」

おぼえていますか？
ワンダーとは「たのしいなあ、おもしろいなあ、ふしぎだなあ」と、
おもうことです。

「あっ、シオリン、ちいさなあなが　プツプツあいてきたよ」
「ほんとうだ。あれ、なにか　おどってるよ」

ちいさなあなから、ゆげが　とびでて
ダンスを　おどっています。

「ねえ、まくが　はった
　みたいに　なったよ」

どうやら、ふたりは
ワンダーをみつけたようです。

「そう、いいぐあいね……」と、
シオリンは へらを パンケーキの
したにいれて

「ほいっ!」

じょうずに ひっくり
かえしました。
「シオリン、すごーい」

「これで　やきいろを　みながら　すこし　まちますよ」

「うまく　できてるかなあ」
「どうかなあ」

クレオとパトラは　ドキドキです。

「いいにおいが　してきたね」
「うん、あまいかおりが　するよ」

「よし、いいんじゃないかな」
シオリンが　いいます。

シオリンは、あたためてあった　おさらに
「ほいっ」と、
フライパンから　パンケーキを　うつしました。

きつねいろにやけた　パンケーキが　ふんわり、
おさらに　のっています。

「かんせいでーす!!」

「シオリン、すてき！」

「あら、ありがとう」

「つぎは、ふたりのばんよ」

「それじゃ、わたしが　さいしょね」
パトラが、てを　あげます。

プツプツと　ちいさなあなが　あくと
「いくよ〜！」
パトラは、
パンケーキを
ひっくりかえします。

「あー、くずれちゃった」

「だいじょうぶ、だいじょうぶ。
　いいやきいろじゃない。だいせいこう！」

つぎは　クレオです。
「ぼくは、おおきいのを　つくるんだ」

「あ、また　はじまった。よくばりクレオ」

「へへーん。のこりを　ぜんぶ　いれてっと」

どばどばどばー。
フライパンいっぱいに
パンケーキの　タネが
はいりました。

「だいじょうぶかしらねえ」
シオリンも　すこし
しんぱいそうです。

なかなか あなが あいてきません。

「すこし ひを つよくすれば いいかな」
クレオは、こっそり かまどの ひを
おおきくしました。

しばらくすると、
「あー、こげてる！」
パトラが、こえを あげます。

「あーあ、
　しっぱいしちゃった」

「あとで、こげたところを
　けずるから だいじょうぶ」
クレオも なんとか やきおえて、おさらに もります。

「これで、みんな かんせいね」

「では、こうちゃを
　　　いれましょう」

「クレオにいっぱい、
　　パトラにいっぱい、
　　　わたしにいっぱい、
　　　　ポットにいっぱい」

「ポットにいっぱい？」

「そう、これが　おいしいこうちゃを
　いれる　おまじない。わたしたちだけが
　のむんじゃ、ポットが　かわいそうでしょ」

「ここに、スペアミントと
　　　レモングラスを　いれましょう」

「わー、スーッと　するね。
　くちの　なかに　すずしいかぜがふいた　みたいだ」
　　　「そう、それが　スペアミント」

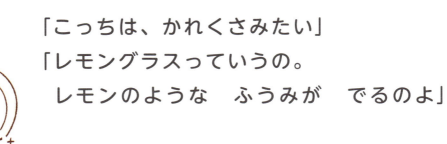

「こっちは、かれくさみたい」
「レモングラスっていうの。
　レモンのような　ふうみが　でるのよ」

「あっ、ほんと。これ　シオリンの
おにわで　つくってるの？」
「そうよ。おにわに　たくさん　あるわよ」

パンケーキに、シオリンがつくった　イチゴジャムや
ブルーベリージャムを　たっぷりのせて、ぱくぱくぱく。

しあわせなあじが　します。

「おなか　いっぱいになったね」
「それじゃ、パンケーキを　つくったようすを
　えにっきに　してみましょう」

「えー、かけないよ。しっぱいしちゃったし」

「しんぱいしないで。
　もうひとつ　まほうのことばを　おしえますからね」

「さあ、ふたりも　いって　ごらんなさい」
これを　さんかい　くりかえせば、だいじょうぶ。

**「いつだろ　どこだろ　だれがだろ
　　　　なにを　どうしてどうなった？」**

**「いつだろ　どこだろ　だれがだろ
　　　　なにを　どうしてどうなった？」**

**「いつだろ　どこだろ　だれがだろ
　　　　なにを　どうしてどうなった？」**

それじゃ、このまほうのことばを　つかって
かいていきましょう。

いつだろ

- なんねん なんがつ なんにち
- あさ ひる よる
- なんじ なんふん
- きのう きょう
- なんじから なんじの あいだ
- あした あさって・・・

きょう、
_____
_____

どこ だろ

がっこうに いく とちゅうで

おばあちゃんの いえで

おうちで

ゆうえんちで

シオリンのいえで、

だれがだろ

こいぬの チャッピーが

おともだちの
サリーちゃんと リンくんが

ママと パパが

チョウチョウが

がっこうの せんせいが

テレビに でている
かしゅが

シオリンとわたしとクレオが

なにを

じてんしゃを

おべんとうを

おもちゃを

ランドセルを

こくごの　じゅぎょうを

おきにいりの
ようふくを

パンケーキを

33

どうしてどうなった？

- おてつだいを した
- うたを うたって ダンスをした
- ゆかたを きて おまつりに いった
- けんかをして なかなおりをした
- りょこうに いった
- おなかを かかえて おおわらいした

_____ つくりました。
_____

ほら、これを　つなげると……。

> きょう、シオリンのいえで、
>
> シオリンとわたしとクレオが
>
> パンケーキをつくりました。

ね、できあがり！

「わー、すごーい。あっというまに　できちゃった」

「なにか　たりないような……」

「ぼくは　これでいいと　おもうけどな」

「ねえ、シオリン。これじゃ、ともだちや　まわり
　のひとを　ニコニコげんきに　できないような……」

「パトラ、よく　きづいたわね。それじゃ、みっつめの
　まほうのことばを　おしえるわね。それは……」

まほうのことば③

なんで なんで どうやって？

「はい、これを　さんかい　くりかえしましょう」

「なんで　なんで　どうやって？」
「なんで　なんで　どうやって？」
「なんで　なんで　どうやって？」

「すばらしい。それじゃ、このまほうのことばを
　つかって　さっきの　ぶんを　かきかえてみましょう。
　さいしょは　パトラから　おねがいね」

パトラのにっき

きょう、シオリンのいえで、シオリンとわたし
とクレオがパンケーキをつくりました。

「さっきのぶんを、まほうのことばで　つくりかえて
いきますよ。いい？　わたしが、しつもんするから
そのこたえを　かいていってね」

**みんなも、いままでの　おはなしを
おもいだしながら、パトラに
なったつもりで　かいてみよう。**

なんで なんで どうやって?

なんで シオリンの おうちに きたの?

ふりかえって、かいてみよう!

パトラのにっき

きょう、わたしとクレオは、**さくぶんの しゅぎょうをするため、シオリンのいえに きました。そして、**シオリンとわたしと クレオでパンケーキをつくりました。

そうかあ。しゅぎょうに　きたんだね。
それじゃ、つぎだよ。

なんで なんで どうやって？

どうやって パンケーキを つくったの？

ふりかえって、かいてみよう！

パトラのにっき

きょう、わたしとクレオは、さくぶんのしゅぎょうをするため、シオリンのいえにきました。そして、シオリンとわたしとクレオでパンケーキをつくりました。**ざいりょうをミキサーにいれて、かきまぜました。それをフライパンでやきました。**

ざいりょうを　ミキサーで　かきまぜて　やいたんだね。
では、ひとつめの　まほうのことばを　おぼえてるかな？

みて みて み〜て。
なに なに な〜に?

パンケーキは どうなった？

ふりかえって、かいてみよう！

パトラのにっき

きょう、わたしとクレオは、さくぶんのしゅぎょうを
するため、シオリンのいえにきました。
そして、シオリンとわたしとクレオでパンケーキを
つくりました。ざいりょうをミキサーにいれて、
かきまぜました。それをフライパンでやきました。
**しばらくするとプツプツちいさなあなが、あいて
きました。**

プツプツ　ちいさな　あなが　あいてきたんだね。

みて みて み〜て。
なに なに な〜に?

ちいさなあなが あいてから、どうしたの?

まほうのえにっきに、まとめてみよう!

① まほうのえにっき

おなまえ　パトラ　　　　　　　　　　　　　　　　　8 がつ 8 にち

きょう、わたしとクレオは、さくぶんのしゅぎょうをするため、シオリンのいえにきました。そして、シオリンとわたしとクレオでパンケーキをつくりました。ざいりょうをミキサーにいれて、かきまぜました。それをフライパンでやきました。しばらくするとプツプツちいさなあなが、あいてきました。へらでひっくりかえしました。でも、しっぱいしてすこしかたちがへんになりました。ざんねんでした。

「すばらしい！　パトラ、おみごとです！」
「わあ、これなら　いいかも」

みんなも　かけたかな？

「つぎは　クレオの　ばんね。
　あら？　すこし　かきたしたのね。えらい、えらい」

**こんどは　クレオに　なったつもりで、
かいてみよう。**

クレオのにっき

きょう、さくぶんのしゅぎょうをするため、パトラとシオリンのいえにいきました。そして、みんなでパンケーキをつくりました。でも、だいしっぱいしました。こうちゃがおいしかったです。

「あら、こうちゃの ことも かいたのね。
それに、パンケーキを つくったひとの なまえを
ぜんぶ かかないで『みんな』 としたのね。
くふうしましたね。それじゃ、きいていきますよ」

なんで なんで どうやって？

なんで　しっぱいしたの？

ふりかえって、かいてみよう！

_____

_____

_____

_____

クレオのにっき

きょう、さくぶんのしゅぎょうをするため、パトラとシオリンのいえにいきました。そして、みんなでパンケーキをつくりました。でも、だいしっぱいしました。**おおきいのをつくろうとおもって、タネをたくさんいれて、ひをつよくしたからです。そうしたら、こげてしまいました。**こうちゃがおいしかったです。

おおきいのを　つくりたかったんだ。
それで　しっぱい　したんだね。

なんで なんで どうやって？

どうやって、たべられるように したの？

ふりかえって、かいてみよう！

クレオのにっき

きょう、さくぶんのしゅぎょうをするため、パトラとシオリンのいえにいきました。そして、みんなでパンケーキをつくりました。でも、だいしっぱいしました。おおきいのをつくろうとおもって、タネをたくさんいれて、ひをつよくしたからです。そうしたら、こげてしまいました。**シオリンが、こげたところをけずってくれました。**こうちゃがおいしかったです。

こげたところを　けずったのか。
なるほど。

みて みて み〜て。
なに なに な〜に?

こうちゃに なにを いれたんだっけ？

さあ、おもいだせるかな？

クレオのにっき

きょう、さくぶんのしゅぎょうをするため、パトラとシオリンのいえにいきました。そして、みんなでパンケーキをつくりました。でも、だいしっぱいしました。おおきいのをつくろうとおもって、タネをたくさんいれて、ひをつよくしたからです。そうしたら、こげてしまいました。シオリンが、こげたところをけずってくれました。**スペアミントとレモングラスをいれた**こうちゃが、おいしかったです。

スペアミントと　レモングラスを
いれたんだね。

みて みて み〜て。
なに なに な〜に?

こうちゃは、どんなふうに おいしかったの?

まほうのえにっきに、まとめてみよう!

_____

_____

_____

_____

おなまえ クレオ

① まほうのえにっき

8 がつ 8 にち

きょう、さくぶんのしゅぎょうをするため、パトラとシオリンのいえにいきました。そして、みんなでパンケーキをつくりました。でも、だいしっぱいしました。おおきいのをつくろうとおもって、タネをたくさんいれて、ひをつよくしたからです。そうしたら、こげてしまいました。シオリンが、こげたところをけずってくれました。スペアミントとレモングラスをいれたこうちゃは、くちのなかにすずしいかぜがふいたようで、おいしかったです。

さくぶんがスイスイかける みっつの まほうの ことば

「クレオ、すばらしい！　よくできました！
　たくさん　かけましたね」

「ホントだ。かけちゃったね。おもしろいんだね、
　さくぶんを　かくのって」

みんなは　どうでしたか？
うまく　かけなくても　だいじょうぶ。
すこしずつで　いいからね。

保護者・教育関係者のみなさまへ

なんで ナンデ さくぶん
まほうのノートの使い方

なんで ナンデ さくぶん まほうのノートの
<u>無料ダウンロード</u>はこちらから。
https://kotoba-design.jp/nande

| 検索 | マジ文ラボ　なんでナンデさくぶん |

みっつの問いかけをして、子どもたちのことばを引き出してあげましょう。観察を通してワンダーを見つけられるように手を貸してあげて下さい。ただし、先回りをして教えないように。子どもたちは、自ら考え始めます。

「まほうのことば」を使って、コミュニケーションをとりながら書いていきましょう。

まほうのことば 1
「みて　みて　み〜て。なに　なに　な〜に？」
面白かったことを引き出して、簡単な文や絵にしてみましょう。

まほうのことば 2
「いつだろ　どこだろ　だれがだろ　なにを　どうしてどうなった？」
まずこの順番でまとめましょう。

まほうのことば 3
「なんで　なんで　どうやって？」
まほうのことば2で書いたものを、さらに詳しくしていきます。

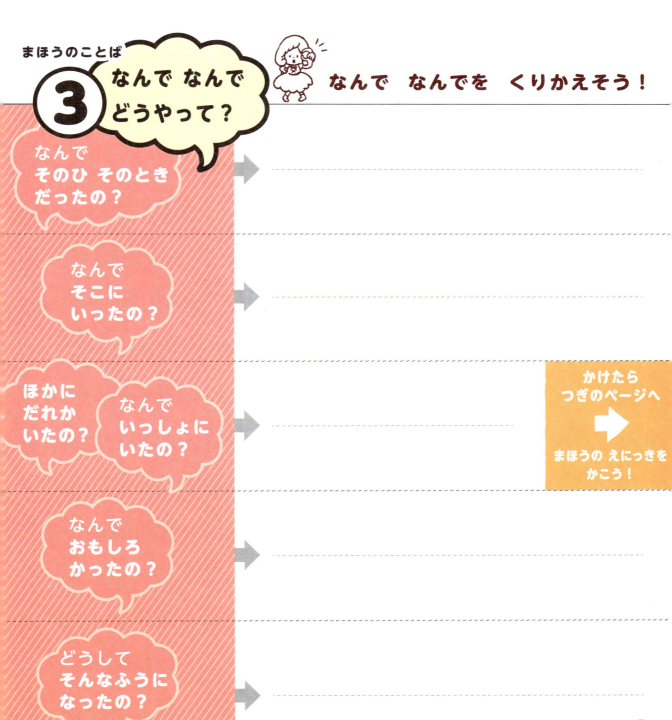

おなまえ

✧ まほうのえにっき ✧

がつ　　にち

えをかこう！

さくぶんがスイスイかける
みっつの
まほうの
ことば

あさです。おひさまが、キラキラ　かがやいています。
かぜが、ふわりふわりと　そよいでいます。

「おはようございます」
「はい、おはようございます。
　それじゃ、でかけましょうか」

「まだ、あさごはんも
　たべて　いないのに？」

「あさごはんに
　たべる　たまごを
　さがしに
　いきましょう」

「ニワトリさん、はなしがい　なんだね」

「ここは、ニワトリさんの　うんどうじょうなの。
　さあ、たまごを　さがして　ちょうだい

「えー、どこに
　あるんだろう。みつからないなあ」
「ほんと、たまごなんて　あるのかな」

「ほら、ひとつめの
　まほうのことばを　おぼえてる？」

「なにを　さがしてるの？」
わっ、ニワトリさんが　しゃべったよ。
「たまごを　さがしてるの」
「ほんとうは　ひみつなんだけど　きょうは、とくべつに
　おしえてあげる。じめんに　かおを　ちかづけて
　くさばなの　ねもとを　さがして　ごらんなさい」

「あ、あそこに　まるい　いしみたいなのが　あるね。
　わー、たまごだ。あっちにも　あるよ」
「ほんとだ。ほんわか　あったかいよ。なんか　ついてる」
「これ　ニワトリさんの　ウンチだ」

**みて　みて　み〜て。
なに　なに　な〜に？**

「あそこ、なんか　いるよ。ほら、いけの　ところ」
「キャベツかな？」
「あ、うごいた。なんだろう」

「ああ、おっきい　カエルだ」
「やあ、なにか　ごようかい？」
うわっ、カエルさんも　しゃべった。
「こんなところで　なにしてるんですか？」
「みずあそびだよ。あついからね」

「いけのわきに たっているきの ねもとに すんで、 いけと きを まもって いるのよ」と、シオリンが おしえてくれました。
「へえ、そうなの。カエルさん えらいんだね」
「それほどでも」
「それにしても カエルさん、おおきなめだね」
「それほどでも」

「さあ、たまごも　たくさん　とったし、いえに
　もどって　あさごはんに　しましょう。そのあと、
　いま　みたことを　さくぶんに　まとめますよ」

「えーっ、かけるかなあ」
「かけるかなあ」

「だいじょうぶ。
　だって、たくさん
　ワンダーを
　みつけたじゃない」

さいしょは　クレオのばんです。

**みんなも　ニワトリの　うんどうじょうを
おもいだして、かいてみよう。
まほうのことばを　つかってね！**

いつだろ どこだろ だれがだろ
なにを どうしてどうなった？

ふりかえって、かいてみよう！

_____

_____

_____

_____

クレオのにっき

あさはやく、ニワトリのうんどうじょうで、ぼくはたまごをさがしました。

それじゃ、つぎの　まほうのことばに　こたえてね。

なんで なんで どうやって？

なんで あさはやく ニワトリの うんどうじょうに いったの？

ふりかえって、かいてみよう！

クレオのにっき

あさごはんにたべるたまごをさがすため、あさはやく、ぼくはニワトリのうんどうじょうにいきました。

なるほど。
たまごを　さがしに　いったんだね。

なんで なんで どうやって？

どうやって　ニワトリの　たまごを
さがしたの？

ふりかえって、かいてみよう！

クレオのにっき

あさごはんにたべるたまごをさがすため、あさはやく、
ぼくはニワトリのうんどうじょうにいきました。
**はじめはみつけられなかったけれど、じめんにかおを
ちかづけて、くさばなのねもとをよくさがしたら、
たまごがみつかりました。**

じめんに　かおを　ちかづけたんだ。
がんばったね。

みて みて み〜て。
なに なに な〜に?

ニワトリの　たまごって　どんなかんじ？

まほうのえにっきに、まとめてみよう！

おなまえ　クレオ

② まほうのえにっき

8 がつ 9 にち

あさごはんにたべるたまごをさがすため、あさはやく、ぼくは

ニワトリのうんどうじょうにいきました。はじめはみつけられ

なかったけれど、じめんにかおをちかづけて、くさばなのねもとを

よくさがしたら、たまごがみつかりました。たまごはまるくて、

てにとるとあたたかかったです。ニワトリのウンチがついていたので、

おどろきました。

ほら、かんせい！　でっきあがり〜！
「ほんとだあ！」これなら　かんたんちん。

つぎは、パトラです。
パトラは　なにを　かくんだろう？

**みんなも　いけで　みつけたものを
おもいだして　もうひとつ　かいてみよう。**

パトラのにっき

あさごはんようのたまごをさがしていたとき、いけの
ちかくで、わたしは、みどりいろのかたまりをみつけました。

みどりいろのかたまりを　みつけたんだね。

みて みて み〜て。
なに なに な〜に?

それは　なんだったの？

ふりかえって、かいてみよう！

パトラのにっき

あさごはんようのたまごをさがしていたとき、いけの ちかくで、わたしは、みどりいろのかたまりをみつけました。
よくみるとうごいていたので、ちかづいてみました。 そうしたら、おおきなカエルでした。

へえ、おおきな　カエル　だったんだ。

みて みて み〜て。
なに なに な〜に?

カエルは、どんな かんじだった?

ふりかえって、かいてみよう!

パトラのにっき

あさごはんようのたまごをさがしていたとき、いけのちかくで、わたしは、みどりいろのかたまりをみつけました。よくみるとうごいていたので、ちかづいてみました。そうしたら、おおきなカエルでした。**めもおおきくて、ギョロッとしていました。**

めが　おおきかったんだね。それじゃ、さいごに……。

なんで なんで どうやって?

なんで　カエルは　そこに　いたんだろう？

まほうのえにっきに、まとめてみよう！

おなまえ パトラ

② まほうのえにっき

8 がつ 9 にち

あさごはんようのたまごをさがしていたとき、いけのちかくで、

わたしは、みどりいろのかたまりをみつけました。よくみるとうごいて

いたので、ちかづいてみました。そうしたら、おおきなカエルでした。

めもおおきくて、ギョロッとしていました。そのカエルは、いけと、

きをまもっているそうです。だからおおきいんだな、とおもいました。

ほら、かんせい！
でっきあがり〜！

「よく がんばりました。よくみて かんさつして、
 ワンダーを さがして、まほうのさくぶんを つくることが
 できたでしょ。これで みんなを ワクワク、ドキドキ
 たのしませることが できる。あとは おかあさんと
 いっしょに れんしゅう、れんしゅう」

そろそろ おわかれの じかんです。
「また、きても いいでしょ」
「もちろん。たのしい おはなし
　たくさん かいて ちょうだいね」
「はい、もっと もっと ワンダーを さがします」
「うん。ぼくも たくさん おはなしを かくよ」
シオリンは、すーっと きのおうちに きえました。

すると、おかあさんと サユリンこうちょうせんせいが……。
「おかえりなさい。ふたりとも
　いいかおを してますね」
えがおで、むかえてくれました。

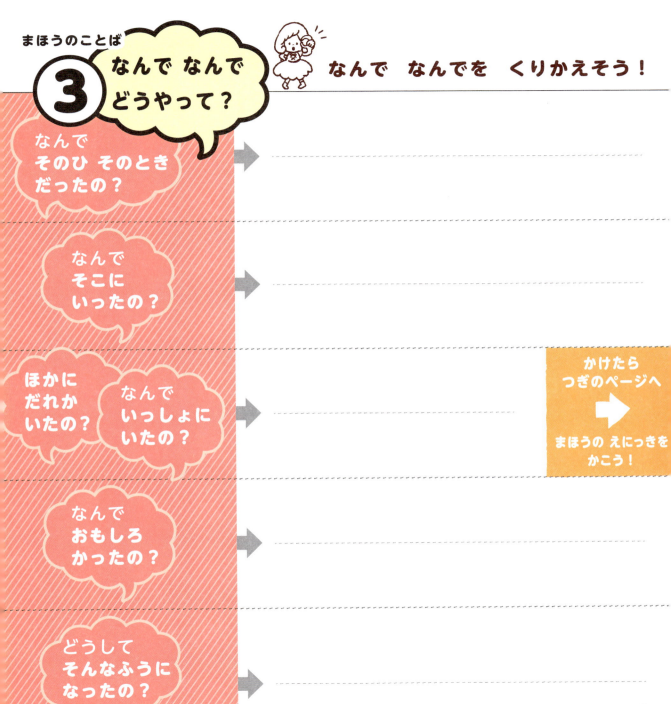

おなまえ

✧ まほうのえにっき ✧

がつ　にち

えをかこう！

さくぶんがスイスイかける
みっつの
まほうの
ことば

 なんで ナンデ さくぶん **まほうのノート**の
無料ダウンロードはこちらから。
https://kotoba-design.jp/nande

| 検索 | マジ文ラボ　なんでナンデさくぶん |

保護者・教育関係者のみなさま

『クレオとパトラの なんでナンデさくぶん』をお読み下さり、ありがとうございました。この本は主に小学校低学年の子どもたちに文章の書き方を伝えるために書いたものです。親しみのあるイラストとお話を楽しみながら、勉強を勉強と意識せず自然に文章を書くコツがわかるように、絵本仕立てにしました。

筆者は長年、新聞社の校閲部門にいた文章のプロです。就職活動を始める学生向けに書いた『マジ文章書けないんだけど』は発売から1年で約8万部を超えるなど、文章作法や日本語、漢字などの書籍を多数出版しています。また、自治体や企業の広報研修やエクステンションセンター、オンライン学習サイトなどでも講師を務めるなど、豊富な実績があります。

ことばを自在に操って、自らの考えを展開するには、それなりの訓練が必要です。プロ野球をテレビで見ていても、すぐに投球フォームやバットスイングが身につくわけではありません。基礎を勉強しなければ、楽しさも理解できません。作文を書く基礎を教わらないまま、大学生になり就職活動に入る。文章を通して自らをプレゼンテーションすることができず、エントリーシート（ES）の選考ではじかれ、希望の仕事に就けない。採用にも長く関わってきた筆者は、そうした若者をたくさん見てきました。それが『マジ文章書けないんだけど』を書いた切っ掛けでもあります。

文章を書くことは、まず観察することです。子どもたちの好奇心を観察によって刺激してあげて下さい。カルチャーセンターで子ども向けの文章教室を開いたとき、動物のビデオを見せました。動物がたくさん出てきます。そこで「どの動物がよかった？」と聞きます。子どもたちは「サル」「ライオン」「ゾウ」などそれぞれ、好みの動物を答えます。そこで、印象的だった場面を絵に描いてもらいます。そして「どんな色だったか」「動物どうし、どんなふうに遊んでいたのか」「何がよかったのか」「空の色は？」「川の中はどうなっていた？」など、質問をする度にビデオをくり返し見せます。すると、子どもたちはその質問に答えようと、それまでと違った視点でビデオを見始めます。観察が始まるのです。子どもたちの好奇心とワンダーがどんどん膨らんできます。それをメモ程度に短く書いてもらいます。これが「みて みて み〜て。なに なに な〜に？」という、まほうのことばから導き出せるステップ1なのです。

そしていよいよ作文です。5W1Hを意識して書いてもらいます。しかし、いきなりそれを要求しても子どもたちは、理解できません。そこでまず「いつだろ どこだろ だれがだろ なにを どうしてどうなった？」という、まほうのことばに従って、文章の型を身につけます。これは「WHEN WHERE WHO WHAT

DO」という４Ｗ１Ｄで、いわば文章の骨に当たります。「型にはまった文章なんて意味がない」というご意見もあるでしょう。しかし、型を覚えてからそれを破るのは簡単です。「型を知っての型破り」です。「型を知らなければ型なし」で、文章の骨を書くことはできません。

例えば動物園でライオンを見たなら「きのう、ぼくはどうぶつ園でライオンを見ました」という文章の骨になる部分を書けばいいのです。これがステップ２です。

さらにステップ３で「なんで　なんで　どうやって？」というまほうのことばを使って、ステップ２の骨に肉をつけていきます。ここが５Ｗ１ＨのＷＨＹとＨＯＷにあたります。「なんで動物園に行ったの？」「どうしてライオンを見たの？」。保護者、教育関係者のみなさまが問いかけると、子どもたちはそれに答えます。「学校の遠足で動物園に行ったんだ」「絵本で見た白いライオンに会いたかったから」など、子どもたちの好奇心をここでも引き出していけます。そうした問いをいくつか続けていくと、「きのう、ぼくはどうぶつ園でライオンを見ました」という22字の文が瞬く間に200字、300字の文章となるのです。

カルチャーセンターで教えた子どもたちは書くことに没頭し、時間が来ても書き続けていたのです。

文章を書くことは、観察し、驚き、考えることです。これがステップ１からステップ３への手順に当てはまるのです。こうした練習は、思考を鍛えることでもあります。これからは、自らの考えをしっかり持って意見を言い、人からの意見を取り入れてさらにその次の展開に昇華できるようになることが求められます。好奇心にひもづいた論理的な思考の先に、発想力が育まれ、直感力が育ちます。

どうぞ、文章を書くことは楽しいんだということを教えてあげて下さい。それには、子どもたちの好奇心を揺さぶることです。その道具としてまほうのことばを用意しました。何度も口ずさんでいれば、そのうち自然に身につくようになります。子どもだけではなく、保護者のみなさん、教育関係者のみなさんも子どもたちと一緒に文章を書くことを楽しんで下さい。サッカーや野球、音楽などを楽しむように文章を書くことを楽しめるようにしたい。それがこの本を作った最大の望みです。本書を企画するにあたって、次世代人材塾・適十塾塾長の見山謙一郎さん、経営コンサルタントの小嶋英貴さん、広報戦略を専門にする四條真美子さん、映像ディレクターの堀江將一郎さん、オンライン学習サイトSchooの二宮優衣さん、赤坂オフィス宿主・起業家の小塩篤史さんに多大な協力を頂戴しました。この場を借りて感謝申し上げます。

この本へのお問い合わせ、企業向け文章コンサルティング・講演のご依頼などは、ことばデザインワークス・マジ文ラボ　http://kotoba-design.jp/　までお願いいたします。

2018年　やわらかい春の風がそよぐ季節に
著者・前田安正　プロデューサー・浅川浩樹
イラスト・吉場久美子

なんで ナンデ さくぶん まほうのノートの
無料ダウンロードはこちらから。
https://kotoba-design.jp/nande

検索　マジ文ラボ　なんでナンデさくぶん

著者
前田 安正（まえだ やすまさ）
ことばデザインワークス「マジ文ラボ」主宰 / ビジョンクリエイター / 作家
朝日新聞メディアプロダクション校閲事業部長

1982年 早稲田大学 卒業 / 2017年 事業構想大学院大学 修士課程修了

朝日新聞社入社、校閲部、整理部、名古屋・編集センター長補佐、大阪・校閲マネジャー、用語幹事、東京・校閲センター長。オンライン学習サイトschoo講師、企業・自治体の広報研修で、「わかりやすい文章の書き方・直し方」「校閲の仕方」を中心に出講。朝日新聞では、国語問題、常用漢字についての特集や連載、コラムを担当。2018年4月からコラム「ことばのたまゆら」を連載。17年4月発売の『マジ文章書けないんだけど』は約8万部、著作の累計は約13万部。現在、ことばデザインワークス「マジ文ラボ」を主宰。ビジョンクリエイターとして、企業広報などのアドバイザーなどを手がけ、活躍の場を広げている。

【主な著書】
『漢字んな話』『漢字んな話2』（三省堂）、『きっちり！恥ずかしくない！文章が書ける』『間違いやすい日本語』『しっかり！まとまった！文章を書く』（すばる舎）、『マジ文章書けないんだけど』（大和書房）、『3行しか書けない人のための文章教室』（朝日新聞出版）など

お問い合わせ：maeda@miraikoso.com　　WEB　https://kotoba-design.jp/

プロデューサー
浅川 浩樹（あさかわ ひろき）　　クリエイティブ・コンサルタント / デザイナー / 交創家

2003年 多摩美術大学 卒業 / 2017年 事業構想大学院大学 修士課程修了

住宅設備メーカーで住空間のプロダクトデザインを担当。オフィスファニチャーメーカーでオフィス・ホテル・ショールーム・展示会などの空間デザインを手がける。デザイン事務所でプロジェクトデザインを経て、2017年 独立。事業づくりの経営学とプロダクト・空間・グラフィックデザインの複合的な表現力を活かしワンストップでプランニングデザイン、企業のイノベーションを促すブランド構築を支援。クリエイター、各種専門家の集合知を活かした仕組みのデザインを手掛ける。受賞歴：『マジ文章書けないんだけど』ブックデザイン賞、日経ニューオフィス賞　ほか

お問い合わせ：asakawa@aaaaa.design　　WEB　https://:aaaaa.design

イラストレーター
吉場 久美子（よしば くみこ）　　イラストレーター / デザイナー

2010年 武蔵野美術大学 卒業

ファンシー文具メーカーで子ども向け、女性向け商品のイラストや企画を担当。文具イラストやポーチ、ランチグッズなどの雑貨、手帳イラストも手掛ける。2016年 フリーのイラストレーターとして、広告、雑誌、キッズアパレル、パッケージデザインなどを担当。

お問い合わせ：yosiba.kumiko@gmail.com　　WEB　https://yoshiba-kumiko.wixsite.com/illustrator

---

クレオとパトラの　なんで ナンデ さくぶん

2018年7月20日　第1刷発行

著者　　まえだやすまさ
発行者　佐藤 靖
発行所　大和書房（だいわ）
　　　　東京都文京区関口1-33-4
　　　　電話 03-3203-4511

ブックデザイン・DTP　浅川 浩樹
イラストレーション　　吉場 久美子
本文・カバー印刷　　　歩プロセス
製本所　　　　　　　　ナショナル製本
校閲　　　　　　　　　朝日新聞メディアプロダクション校閲事業部

©2018 Yasumasa Maeda, Printed in Japan
ISBN 978-4-479-79663-3
乱丁・落丁本はお取り替えいたします。
http://www.daiwashobo.co.jp/